AF110320

www.ingramcontent.com/pod-product-compliance
Lightning Source LLC
LaVergne TN
LVHW021230080526
838199LV00089B/5988

* 9 7 8 9 3 6 9 0 8 2 3 1 5 *

آشیاں ہمارا

(نظمیں)

بانو طاہرہ سعید

© Bano Tahira Sayeed

AashiyaaN Hamara *(Nazmein, Poetry)*
by: Bano Tahira Sayeed
Edition: January '2025
Publisher :
Taemeer Publications LLC (Michigan, USA / Hyderabad, India)

ISBN 978-93-6908-231-5

مصنفہ یا ناشر کی پیشگی اجازت کے بغیر اس کتاب کا کوئی بھی حصہ کسی بھی شکل میں بشمول ویب سائٹ پر اَپ لوڈنگ کے لیے استعمال نہ کیا جائے۔ نیز اس کتاب پر کسی بھی قسم کے تنازع کو نمٹانے کا اختیار صرف حیدر آباد (تلنگانہ) کی عدلیہ کو ہو گا۔

© بانو طاہرہ سعید

کتاب	:	**آشیاں ہمارا** (نظمیں)
مصنفہ	:	**بانو طاہرہ سعید**
صنف	:	شاعری
ناشر	:	تعمیر پبلی کیشنز (حیدر آباد، انڈیا)
سالِ اشاعت	:	۲۰۲۵ء
صفحات	:	۷۶
سرورق ڈیزائن	:	تعمیر ویب ڈیزائن

آشیاں ہمارا (نظمیں) — بانو طاہرہ سعید

اِنتساب

قومی یک جہتی کے نام۔۔۔

ڈاکٹر بانو طاہرہ سعید
(ڈی۔ لٹ)

آشیاں ہمارا (نظمیں)   بانو طاہرہ سعید

۴

فہرست

۱۔	پیش لفظ	جناب عابد علی خاں	۶
۲۔	کچھ باتیں	ڈاکٹر بانو طاہرہ سعید	۱۰
۳۔	نذرِ وطن		۱۳
۴۔	یومِ آزادیٔ ہند		۱۴
۵۔	بھارت کا سپاہی		۱۷
۶۔	سپاہی کی شریکِ زندگی		۲۰
۷۔	نوبہارِ آزادی		۲۳
۸۔	منصوبے		۲۵
۹۔	رابندر ناتھ ٹیگور		۲۶
۱۰۔	آزادی		۲۸
۱۱۔	سامراج کی شکست (گوا کی فتح پر)		۲۹
۱۲۔	یومِ جمہوریتِ ہند		۳۱
۱۳۔	دیوالی		۳۲
۱۴۔	سلام		۳۳
۱۵۔	جھانسی کی رانی		۳۴
۱۶۔	مہارانی لکشمی بائی		۳۵
۱۷۔	چینیوں کے حملے پر		۳۶
۱۸۔	چراغِ ہمالہ (بریگیڈیر ہوشیار سنگھ)		۳۷
۱۹۔	ہم لوگ		۳۹
۲۰۔	عیدِ فطر		۴۰

۲۱	ہند	۴۱	
۲۲	چراغ	۴۲	
۲۳	استدعا	۴۳	
۲۴	ہولی اب کے برس	۴۴	
۲۵	مجاذ بزرگتے ہوئے جیون ساتھی (شادی کی پہلی سالگرہ پر)	۴۵	
۲۶	گن گاؤں	۴۷	
۲۷	گیت	۴۸	
۲۸	جوانوں کا ترانہ	۴۹	
۲۹	پیامِ قلی قطب شاہ	۵۱	
۳۰	ہینڈلوم	۵۳	
۳۱	آہ! نہرو	۵۴	
۳۲	سنگم پر	۵۶	
۳۳	قیامت	۵۷	
۳۴	بہاروں کا سفیر	۵۸	
۳۵	صدائے وقت	۶۰	
۳۶	ہمارا سپاہی	۶۱	
۳۷	تحفہ	۶۳	
۳۸	زمزمہ	۶۴	
۳۹	ترانۂ الفت	۶۵	
۴۰	شہیدِ امن (شاستری جی رحلت پر)	۶۷	
۴۱	قطعات	۶۹	
۴۲	الوداع! اندرا جی	۷۰	
۴۳	رقصِ بہاراں کی آرزو	۷۱	

پیش لفظ

بانو طاہرہ سعید کی قومی شاعری

بانو طاہرہ سعید کی شاعری کے بارے میں صاحبانِ فکر و نظر کی یہ رائے ہے کہ وہ اِس شہرِ اُردو حیدرآباد کی ایک ممتاز شاعرہ ہیں۔ وہ فن پر گہرا عبور رکھتی ہیں۔ حسّاس اور باشعور ہیں۔ کہنہ مشق شعرگو ہیں۔ وہ روایتی شاعری نہیں کرتی ہیں۔ شاید خواتین شعراء میں سانیٹ اور نظم کے تجربے بانو طاہرہ سعید ہی نے سب سے زیادہ کئے ہیں۔ وہ مسائلی موضوعات پر زیادہ لکھتی اور کہتی ہیں۔ بانو طاہرہ سعید نے غزل سے زیادہ نظمیں کہی ہیں، حالات حاضرہ اور اہم مسائل پر اُنھوں نے فوراً ہی اپنے جذبات کا اظہار کیا ہے۔ شاعری کے میدان میں وہ اپنا ایک منفرد مقام رکھتی ہیں۔ نقّادانِ فن کا یہ کام ہے کہ وہ بانو طاہرہ سعید کے کلام اور فن کے بارے میں اپنی رائے کا اظہار کریں تاکہ ایک آرٹسٹ کو ایک طرف اپنے فن کا صحیح اندازہ ہو تو دوسری طرف قاری کی یہ ذہنی رہنمائی ہو سکے کہ بانو طاہرہ سعید نہ قدیم مکتبِ خیال سے تعلق رکھتی ہیں اور نہ اُنھیں کسی "ازم" سے کوئی واسطہ ہے۔ اُنھوں نے تقریباً دو دہوں سے شعر کہتے ہوئے حیدرآباد کی شعری دُنیا میں اپنا جو مقام بنایا ہے اس کا اساس کیا ہے؟

آج کا نقّاد شاعر کے کلام ہی کو نہیں بلکہ اُن حالات کو بھی پیش نظر رکھتا ہے جس کے پس منظر میں شاعر نے شعر کہے ہیں اگر کلام کے جائزے اور تجزیئے کے لیے اس اصول کو بُنیاد بنایا جائے تو یقیناً بڑے فخر سے یہ کہا جائے گا کہ بانو طاہرہ سعید نے جن موضوعات پر نظمیں کہی ہیں وہ ہمارے اہم قومی مسائل ہیں اور ان مسائل پر ان کا اندازِ فکر اپنی بالغ نظری کے باعث ایک ایسے انسان کے احساس کا آئینہ دار ہے جو صالح و باشعور معاشرہ چاہتا ہے۔

۷

شاید ہمارے ملک کی خواتین شعراء میں بانو طاہرہ سعید ان چند خواتین میں سے ایک ہیں جنھوں نے مسائلی موضوع پر نظمیں زیادہ لکھی ہیں بلکہ یہ کہنا زیادہ صحیح ہوگا کہ بانو طاہرہ سعید حیدرآباد کے اُن چند شاعروں میں سے ہیں جنھوں نے عصری موضوعات پر فی الفور اپنے خیالات کا اظہار کیا ہے۔ اُن کا یہ وصف ان کے شعور اور فن کا آئینہ دار ہے۔ ہمارے شہر کی خاتون شعراء میں جن کا سلسلہ ماہ لقا بائی چندا جیسی ممتاز شاعرہ سے آغاز ہوتا ہے اور جس کا سلسلہ بشیر النساء بیگم بشیر تک پہونچا ہے بانو طاہرہ سعید نے اس میں نئے اضافے کئے ہیں۔ اُنھوں نے روایتی صنفِ شعر کے بجائے نئے اسلوب کو اختیار کیا۔ ان کا موضوع نیا ہے، ان کے فکر اور موضوع کا کینوس بہت کشادہ ہے اور وہ بلاشُبہ نہ صرف شعرگوئی پر قادر ہیں بلکہ موضوع سے انصاف بھی کرتی ہیں۔

بانو طاہرہ سعید کے ذہن اور فکر کو سمجھنے ان کا یہ مختصر مجموعہ اگرچیکہ زیادہ ممد و معاون نہیں لیکن یہ مجموعہ اس لحاظ سے ضرور اہم ہے کہ اُنھوں نے جن موضوعات پر نظمیں کہی ہیں وہ ہمارے ملک کی پچھلے دو دہوں کی تاریخ ہیں. بعض اہم مسائل پر جس کا دائرہ "چین" کے حملہ سے شروع ہوتا ہے اور رقصِ بہاراں کی آرزو پر ختم ہوتا ہے ایک ایسے آرٹسٹ کے دل کی دھڑکن ملتی ہے جو ملک کی ترقی و عظمت کا خواہاں ہے اور جو ایک نیک اور سچّے باشعور شہری اور فن کار کی حیثیت سے عوام کو ان مسائل سے واقف کرانا چاہتا ہے۔ ہمارے بعض ممتاز غزل گو شاعر اپنی غزل میں اِنھیں مسائل کو پیش کر رہے ہیں مثلاً فیض، شاہد صدیقی ساحر، مجروح، سردار، کیفی اور دوسرے کئی شاعروں کی غزلوں میں بھی اس دُنیا کے موجودہ دَور کے مسائل کا اظہار ہے، بانو طاہرہ سعید کے اس مختصر مجموعے میں چین کا حملہ، وطن کی مدافعت، فوجی سپاہی کی ذمہ داریاں، ہمارے قومی تہوار اور بعض ممتاز تاریخی شخصیتوں پر بڑی اچھی کامیاب اثر انگیز اور معیاری نظمیں ہیں۔ ظاہر ہے کہ ان موضوعات پر کئی شعراء نے لکھا ہے اور یہ بھی کہا جاسکتا ہے کہ بانو طاہرہ سعید نے بھی معیار کے لحاظ سے

بہت اچھا اور بلند ہی کہا ہے۔

بانو طاہرہ سعید کی شاعری اور ان کے اس مجموعۂ کلام میں آپ جس خیال اور احساس کو بہت زیادہ حاوی اور بھاری پائیں گے۔ وہ قومی یک جہتی، وطن کی عظمت و ناموس، دفاعِ وطن اور ہماری مشترکہ تہذیب و روایات کا تحفظ ہے۔ یقیناً احساس بجائے خود ایک صحت مندانہ شعور کی علامت ہے۔ یہ باکمال شاعرہ جو ایک سپاہی کی بیوی کے زبان سے یہ شعر کہلواتی ہو

محاذ سے فتح پاکر آؤ یہی دعا ہے یہی لگن ہے
غموں میں گرچہ گھری ہوئی ہے تمہاری دلہن مگر مگن ہے

اس کے کلام میں سماج اور عوام کے مسائل کی کمی محسوس ہوتی ہے اور اس کی ذمہ دار خود بانو طاہرہ سعید ہیں جنھوں نے اس مجموعے کو خود محدود کر دیا حالانکہ ان کے پاس "سراب" "سزا" اور "غول بیاباں" جیسی نظمیں ہیں انسان کے دُکھ درد کے افسانے ہیں لیکن چونکہ انھوں نے اپنے مجموعے کو صرف ایک مخصوص موضوع یعنی قومی یک جہتی تک محدود رکھا ہے اِس لیے حیدرآباد کی اس عظیم شاعرہ کے کلام کو پڑھنے والا تشنگی محسوس کرے گا۔ اس تحدید کے باعث شاعرہ کے جوہر کے تمام پہلوؤں کو سمجھنے میں یقیناً مدد نہیں ملتی۔

جہاں تک مجموعۂ کلام کا تعلق ہے شری نہرو اور شاستری جی کے انتقال پر ان کی نظمیں عوام کے دِلوں کی دھڑکنیں ہیں۔

فسادات کے خلاف اُن کے یہ شعر

نازک ہے وقت ہوش میں آنے کا وقت ہے
قدموں کو اور دل کو ملانے کا وقت ہے
آپس کے اِتحاد میں عظمت ہے قوم کی
آپس کے تفرقوں کو مٹانے کا وقت ہے

نیا زمانہ اور نیا ادب اپنے ادیبوں و فن کاروں سے فکر آمیز تخلیقات مانگتا ہے۔

بانو طاہرہ سعید نے ایک شاعرہ کی حیثیت سے اس نئے تقاضے کو بڑی دیانت سے پورا کیا ہے۔ مقطع میں ایک سخن گسترانہ بات آن پڑی ہے قومی اور عوامی مسائل کے مجموعہ میں 'ہنڈلوم' اور 'منصوبے' جیسی نظمیں شعری لحاظ سے خواہ آمد کا کتنا ہی مؤثر اظہار کیوں نہ ہوں 'ٹاٹ کا پیوند معلوم ہوتی ہیں۔ اس پیش لفظ میں اگر تنقید کے پہلو نظر آئیں تو وہ ـــ' بانو طاہرہ سعید کی شاعری پر تعریض نہیں۔ خراج تحسین کے لیے کلام کے تمام پہلوؤں کا یہ ایک مختصر جائزہ ہے۔

بانو طاہرہ سعید کے کلام پر ان کی تربیت اور شخصیت کی گہری چھاپ ہے۔ وہ ایران اور ہندوستان کے مشترکہ تمدن و تہذیب کی علمبردار ہیں۔ پاکیزہ فکر حساس دل و دماغ اور شاعرانہ شعور کے علاوہ حالات و مسائل پر گہری نظر کے امتزاج سے بانو طاہرہ سعید نے شعر کہے ہیں۔ یہی وجہ ہے کہ وہ سماج کے ہر طبقہ میں اور مختلف زبانوں، ادیبوں و شاعروں کے گرداب میں اپنی شاعرانہ صلاحیت اور تخلیقات سے نمایاں نظر آتی ہیں۔

عابد علی خاں

۲۶ر جولائی ۱۹۷۳ء

حیدر آباد

کچھ باتیں

"آشیاں ہمارا" میرا محدود مجموعۂ کلام ہے جس میں صرف ایسی نظمیں، گیت اور قطعات شامل ہیں جن کا تعلق قومی یک جہتی اور وطن کی محبت سے ہو۔

میں نے غیر تقسیم شدہ ہندوستان کے تاریخی شہر آگرہ میں ایک ایسے خاندان میں جنم لیا جو باوجود ایرانی النسل کے ہندوستان کا نہ صرف خدمت گزار ہونے کی حیثیت سے پہچانا جاتا تھا بلکہ ہندوستان سے محبت اور اس کی آزادی کی جدّوجہد میں بھی ایک خاص مقام رکھتا تھا۔ میری شادی بھی حیدرآباد کے ایک ایسے فوجی گھرانے میں ہوئی جس کے چار پانچ نوجوان جنگِ عالم گیر دوّم میں ہندوستان کے دِفاع میں اپنی جان سے کھیل رہے تھے۔ کوئی مشرقِ بعید کے محاذ پر تھا تو کوئی مشرقِ وسطیٰ میں اور اُنھیں میں سے ایک شخص بریگیڈیر جی۔ ایم۔ سعید (اور میرے جیون ساتھی) کے روپ میں وطن پر چینیوں کے جارحانہ حملے کے موقع پر بھی سینہ سپَر تھا!!!

یوں تو میں نے فطرتاً انسانیت اور کُل کائنات سے پیار کرنا سیکھا ہے لیکن —
"اے سرزمینِ ہند مجھے تجھ سے پیار ہے" میرا نعرہ رہا ہے!! شعر و سخن اور افسانہ نگاری کا بچپن سے شوق ہے۔ میں اپنی خوشی کے لیے لکھتی ہوں۔ یہ میرا محبوب مشغلہ ہے —
اُردو میری محبوب ترین زبان ہے اگرچہ انگریزی اور فارسی میں بھی طبع آزمائی کرتی ہوں۔

ملک کے مختلف حصّوں سے مختلف لوگوں نے میرے پہلے ادبی مجموعۂ کلام "برگِ سبز" کی اشاعت کے بعد یہ مشورہ دیا تھا کہ ہندی رسم الخط میں کلام شایع

کرنا چاہیئے۔ مجھے اس تجویز پر بالکل اعتراض نہیں کیوں کہ "برگِ سبز" اُردو رسم الخط میں آچکا ہے اس لیے اب وہ کسی بھی رسم الخط میں شایع ہو سکتا ہے۔ لیکن جب میری قومی نظموں کی ہندی رسم الخط میں اشاعت کے تقاضے کا سلسلہ شروع ہوا تو میری غیرت کے تقاضے نے یہ برداشت نہ کیا کہ میری نظموں کا "نقشِ اوّل" اپنی اصلی صورت یعنی اُردو رسم الخط میں شائع نہ ہو۔ البتہ مجھے اُردو اشاعت کے بعد ہندی اشاعت پر بہت خوشی محسوس ہوگی!!

میرے قلم میں اتنی سکت نہیں کہ میں ان تمام خواتین اور حضرات کا شکریہ ادا کر سکوں جنھوں نے "آشیاں ہمارا" میں دلچسپی ظاہر فرما کر میری حوصلہ افزائی کی ہے۔

جناب عابد علی خاں مدیر محترم "سیاست" نے میری درخواست اور متواتر درخواست پر اپنا ایک عام اصول نظر انداز کر دیا جس پر وہ سختی سے پابند تھے، یعنی "پیش لفظ" وغیرہ لکھنے سے مکمل احتراز!! پھر بھی قومی یک جہتی کے موضوع "آشیاں ہمارا" پر اُنھوں نے اپنی قیمتی رائے کا اظہار فرما ہی دیا۔ کیا یہ میری خوش قسمتی نہیں ہے؟

"آشیاں ہمارا" کی پہلی اشاعت کے تعلق سے میرے برادرِ نسبتی مرحوم جناب الحاج حکیم میجر غلام احمد وحید صاحب نے خندہ پیشانی کے ساتھ پوری پوری دیکھ بھال اپنے ذمّے لے لی تھی جو اُن کی علم نوازی اور ایک فوجی افسر کے وطن پرستانہ جذبات کا ثبوت ہے۔ خدا اُنھیں اپنے جوارِ رحمت میں جگہ دے۔

کئی سال کے بعد اب یہ دوسری اشاعت منظرِ عام پر آرہی ہے، جس میں کچھ تازہ کلام بھی شامل ہے۔ میں اُن تمام بھائیوں، بہنوں اور دوستوں کی شکر گزار ہوں جنھوں نے نہ صرف اصرار کر کے مجھے دوسری اشاعت کے لیے آمادہ کیا بلکہ مختلف سماجی جلسوں میں میری کئی عدد قومی نظموں کو موسیقی

کے ڈھانچے میں ڈھالا اور "بھارت کا سپاہی" اور "سپاہی کی شریک زندگی" نظموں کو اسٹیج پر بھی پیش کیا۔

سرورق محترمہ عذرا سعید کے لطیف تصوّرات کا اعلیٰ نمونہ ہے! وہ خود جتنی نفیس اور پاکیزہ ہے اُتنا ہی اس کا تصوّر بھی!

محترم محمود سلیم صاحب کی میں بہت ممنون ہوں کہ اُنھوں نے باوجود عدیم الفرصتی کے "آشیاں ہمارا" کے دوسرے ایڈیشن کی کتابت فرمائی۔

"آشیاں ہمارا" میں معدودے چند ہی شخصیتیں شامل ہیں جو "قومی" مقام رکھتی ہیں۔ لیکن آج ہمارے درمیان جسمانی طور پر موجود نہیں۔ برسرِ اقتدار کسی بھی شخصیت کے متعلق کچھ لکھنا میرے اُصول کے خلاف ہے۔ اس کتاب کا انتساب قومی یک جہتی کے نام ہے۔

یک جہتیوں کی چھاؤں میں عزم ویقیں کے ساتھ
مستقبلِ وطن کے بنانے کا وقت ہے

ڈاکٹر بانو طاہرہ سعید

۲۶۔ جنوری ۱۹۹۰ء

"گرین ولیو" شانتی نگر
حیدرآباد ۵۰۰۰۲۸

۱۳

نذرِ وطن

"مَیں ہوں ہندو مَیں ہوں مُسلماں"
میرا وطن ہے مجھ پر نازاں
شیخ و برہمن۔ دشمنِ ایماں
دونوں ہی یکساں۔ دونوں ناداں
جھگڑا، نفرت، مسلکِ شیطاں
پیار، محبّت، مذہبِ انساں
مسجد، گرجا اور گردوارہ
ہر منزل ہے منزلِ جاناں!
ایک خدا ہے ایک ہی کُنبہ
کیسا ہندو، کیسا مُسلماں
پیار ہے طاقت، پیار ہے شکتی
پیار خدا ہے پیار ہے ایماں
مجھ سے ہے میرے وطن میں اُجالا
طاہرہ میں ہوں شمعِ فروزاں

۱۴

یومِ آزادیٔ ہند

آج ہے جشنِ یومِ آزادی!
یاد آتی ہے ان شہیدوں کی
ہے لہو جن کا آبروئے وطن
میری آنکھوں میں اشک بھر آئے
گرچہ ہے جشن اور سب ہیں مگن

میں نے مانا کہ ہیں بڑے رنگیں
جشن کے کیف آفریں لمحے
پھر بھی دل میں کسک بڑھاتے ہیں
ساز و آہنگ و شکریں نغمے

کچھ خبر ہے کہ کتنی قیمت پر
ہاتھ آئی متاعِ آزادی
آج کچھ سوچنے کا ہے موقع
نہ فقط یومِ عشرت و شادی

۱۵

ہند ماتا کی مانگ کا سیندور
خونِ اہلِ وفا کی سُرخی ہے
ابھی پورا نہیں ہوا ہے سنگار
ہاں سنورنا ابھی تو باقی ہے

کون کہتا ہے ہو گئی تکمیل
جنگِ آزادی اب بھی جاری ہے
یہ تلاطم یہ بھُوک یہ اِفلاس
اپنے کندھوں پہ بوجھ بھاری ہے

ہو کے آزاد بھی نہیں دل شاد
پینا پڑتا ہے اب بھی خونِ جگر
اب بھی ہم میں ہزاروں ایسے ہیں
نہیں آزاد جن کی فکر و نظر

۱۶

ہو گئی ختم ۔ ظلمتِ شبِ غم
پھر بھی نورِ سحر نہیں بکھرا
چھٹ ہی جائیں گے دُھند کے بادل
اے دلِ بے سکوں نہ یوں گھبرا

دِن خوشی کا ہے رات خوشیوں کی
ہم وطن ساتھیو ۔ مبارک باد
طاہرہ تا قیامِ شمس و قمر
ملکِ ہندوستان رہے آزاد
آج ہے جشنِ یومِ آزادی

بھارت کا سپاہی

وطن کو مَیں نے اپنی زندگی کی ہر خوشی دی ہے
میں وہ سورج ہوں جس نے روشنی ہی روشنی دی ہے
میری سیوا نے میرے مُلک کو آسودگی دی ہے
محبت میں وطن کی مَیں نے اکثر جان بھی دی ہے
بہادر قوم کا بیٹا ہوں، بھارت کا سپاہی ہوں

کبھی تقدیر سے شکوے شکایت کر نہیں سکتا
میں دیگر شہریوں کی طرح راحت کر نہیں سکتا
میں ہرگز آرزوئے عیش وعشرت کر نہیں سکتا
میں اپنی زندگی سے بھی محبّت کر نہیں سکتا
بہادر قوم کا بیٹا ہوں، بھارت کا سپاہی ہوں

۱۸

وطن محبوب ہے میرا، وطن کا مَیں ہوں دیوانہ
وطن ہے شمع، میں ہوں شمع کا بیباک پروانہ
نہ جانے میں ہوں دیوانہ کہ دیوانوں میں فرزانہ
پیا ہے میں نے اپنے دیش کی اُلفت کا پیمانہ
بہادر قوم کا بیٹا ہوں، بھارت کا سپاہی ہوں

فرائض ہی فرائض ہیں ہمیشہ میری قسمت میں
بہت کچھ ہاتھ ہے میرا وطن کی شان و عظمت میں
لکھا جائے گا میرا نام بھی تاریخِ بھارت میں
کٹی ہے عمر میری ملک و ملّت کی حفاظت میں
بہادر قوم کا بیٹا ہوں، بھارت کا سپاہی ہوں

خدا کے فضل سے مَیں دیش کی کرتا ہوں رکھوالی
نہیں کچھ آرزو میری بجز بھارت کی خوشحالی
مرا دل مال و دولت کی تمنّاؤں سے ہے خالی
مقاصد میرے اونچے ہیں مری فطرت بہت عالی
بہادر قوم کا بیٹا ہوں، بھارت کا سپاہی ہوں

۱۹

وطن کی سرحدوں پہ ہوں میں اک دیوار آہن کی
لرزتی ہے تصوّر ہی سے میرے، جان دشمن کی
نگہبانی میں بھارت کی نہیں سُدھ مجھ کو تن من کی
ملائے آنکھ مجھ سے یہ بھلا ہمّت ہے دشمن کی
بہادر قوم کا بیٹا ہوں، بھارت کا سپاہی ہوں

ہے شیواجی کی شکتی مجھ میں بابر کا جگر میرا
جُدا ہو جائے گا جُھکنے نہ پائے گا یہ سر میرا
یُوں ہی روشن رہے گا نام نامی عمر بھر میرا
خدا سے ہے دُعا دائم رہے آزاد گھر میرا
بہادر قوم کا بیٹا ہوں، بھارت کا سپاہی ہوں

○

۲۰

سپاہی کی شریکِ زندگی

وطن کی انجمن میں شمع بن کے روشنی دی ہے
پگھل کر قوم کو میں نے بڑی آسودگی دی ہے
مرے ضبطِ فغاں نے ملک کے دل کو خوشی دی ہے
خدا نے مجھ کو ہمت۔ مسکراہٹ۔ سادگی دی ہے
شریکِ زندگی ہوں، دیش بھارت کے سپاہی کی

○

میں دیگر عورتوں کی طرح شکوے کر نہیں سکتی
زمانے کی شکایت۔ ناز۔ نخرے کر نہیں سکتی
گزرتی جو بھی ہے دل پر میں چرچے کر نہیں سکتی
ہزاروں مشکلیں سہہ کر بھی شکوے کر نہیں سکتی
شریکِ زندگی ہوں دیش بھارت کے سپاہی کی

۲۱

مجھے محسوس ہوتا ہے کہ میں بھارت کی عظمت ہوں
وطن کی آبرو ہوں آن ہوں شوکت ہوں، طاقت ہوں
مجسّم مشرقی عورت ہوں، تفسیرِ محبّت ہوں
میں ہوں سسرال کی عزّت، مَیں میکے کی شرافت ہوں
شریکِ زندگی ہوں دیش بھارت کے سپاہی کی!

○

فرائض کی بنا پر "وہ" بہت مجبور رہتے ہیں
رفیقِ زندگی ہو کر بھی اکثر دُور رہتے ہیں
ہم اُن کی نیک نامی پر مگر مغرور رہتے ہیں
غمِ فرقت ہے لیکن پھر بھی ہم مسرور رہتے ہیں
شریکِ زندگی ہوں دیش بھارت کے سپاہی کی!

○

بھروسہ ہے خدا پر مجھ کو خود ہوں پاسباں اپنی
میں خود بانگِ جرس خود ہی امیرِ کارواں اپنی
شعورِ پختہ ۔ مشعل ۔ رہنما فکرِ جواں اپنی
میں تنہائی کی خوگر ہوں خموشی داستاں اپنی
شریکِ زندگی ہوں دیش بھارت کے سپاہی کی!

۲۲

وطن کی سرحدوں پر ہیں جمائے ہوں نگاہوں کو
حفاظت جن کی سونپی جا چکی ہے سورماؤں کو
خدا سے التجا ہے سُن لے وہ میری دُعاؤں کو
سپاہی اور وطن سے دُور رکھے کُل بلاؤں کو
شریکِ زندگی ہوں دیش بھارت کے سپاہی کی

○

زبان زد۔ نام نامی ہے میرا ہمّت میں جرات میں
نہیں جھانسی کی رانی سے میں کم عزم و شجاعت میں
نہیں ہوں طاہرہ کم۔ چاند سلطانہ سے عزّت میں
اٹھا سکتی ہوں میں تلوار۔ بھارت کی حمایت میں
شریکِ زندگی ہوں دیش بھارت کے سپاہی کی!!

○

نو بہارِ آزادی

۱۹۶۰ء

آج ہے یومِ عشرت و شادی
چودھواں یعنی سالِ آزادی
یاد آتی ہے کتنے پیاروں کی
جو نہیں آج درمیاں اپنے
ہے چمک یہ انھیں ستاروں کی
ورنہ بھارت پہ چھائی تھی ظلمت

جنگِ آزادی جیتنے والے
دے گئے ہم کو ارثِ آزادی
خون کی ہولی کھیلنے والے
سُرخ رُو کر گئے وطن کی زمیں

۲۴

دل میں اُٹھتی ہے ہُوک سی پیہم
یاد آتی ہے جب شہیدوں کی
ہے بہاروں میں گریۂ شبنم
دل بھر آیا ہے جشنِ عشرت میں

ہے ہمارا وطن اگر آزاد
غیر کی چھیڑ چھاڑ کیا معنی
لب پہ بھارت کے ہے ابھی فریاد
سرحدوں پر یہ چپقلش کیسی!

قیمتِ دو جہاں ہے آزادی
سرفروشی سے ہم نہیں ڈرتے
ساتھ عزّت کے موت ہے شادی
ملکِ ہندوستان رہے آزاد
طاہرہ ، ساعتِ سعید ہے آج
یومِ آزادی ، یومِ عید ہے آج

آشیاں ہمارا (نظمیں) بانو طاہرہ سعید

۲۵

منصوبے

بنے جب سے ہمارے دیش میں پنجسالہ منصوبے
ہوُئے آباد ویرانے، بہارستان بنے صوبے

اِسی منصوبہ بندی میں ہے مستقل کی خوشحالی
اسی سے ہوگی اپنی سرزمیں سے رفع بدحالی

اُٹھے ہیں ولولہ لے کر نئی تعمیرِ مِلّت کا
ہوا کرتا ہے پھل میٹھا ہمیشہ عزم و ہمّت کا

یہ تیشہ کہہ رہا ہے کوہکن کا چند صدیوں سے
پہاڑوں کو بھی راہوں سے ہٹادیتے ہیں دل والے

۲۶

یقیں محکم ہو اور جوشِ عمل کا ولولہ رہبر
تو پھر دشواریاں بھی لُطف دینے لگتی ہیں اکثر

ہمیں بھارت سے کُل آثارِ نکبت کو مٹانا ہے
جہالت دُور کر کے قوم کی قسمت جگانا ہے

کڑی محنت سے دریاؤں کا رُخ ہم کو پلٹنا ہے
کہیں طوفاں کہیں برق و شرر سے بھی نمٹنا ہے

بہادر کشمکش سے ڈر نہیں سکتے کسی صورت
اَمر ہوتے ہیں مر کے۔ مر نہیں سکتے کسی صورت

وطن کی راہ میں تن مَن کی ہم بازی لگا دیں گے
خدا چاہے ترقی کر کے دنیا کو دکھا دیں گے

مبارک طاہرہ بگڑی بنانے کا زمانہ ہے
وطن کے گوشے گوشے کو سجانے کا زمانہ ہے

▲▲

۲۷

رابندر ناتھ ٹیگور

کئے ہندوستان نے کیسے کیسے نامور پیدا
رابندر ناتھ سا بھی ایک ہوا عالی گہر پیدا

مدُھر گیتوں سے ہے "گیتانجلی" کا نام لافانی
حسیں شبدوں میں ہے شیرینیٔ قند و شکر پیدا

دُھواں اُٹھّا بدیشی سامراجی آشیانوں سے
ہُوئے سوزِ جگر سے تیرے کچھ ایسے شرر پیدا

جو مانگی تھی دُعا تو نے وطن کے نام و عزّت کی
خدا نے کر دیا تیری دعاؤں میں اثر پیدا

۲۸

آزادی

آزادیٔ وطن کے لیے جان کیا ہے چیز؟
جو کچھ ہے اپنے پاس وطن ہی کی نذر ہے
قدموں میں اس کے سورگ کی ہیں لذّتیں نہاں!!
جنّت نِشاں ہے دیش میرا مرکزِ جمال
اِنسانیت نوازیاں اس کی ہیں بے مثال!!
سارے جہاں میں دُھوم ہے تہذیب ہند کی
آزاد تا اَبد رہے بھارت کی سرزمیں
قوموں میں سرفراز رہے اس کا ہر مکیں
پندرہ اگسٹ طاہرہ، عیدوں کی عید ہے
آزادیٔ وطن کا یہ یومِ سعید ہے

۱۹۔ دسمبر ۱۹۶۱ء

سامراج کی شکست

(گوا کی فتح پر)

مادرِ ہند کے ماتھے کی شکن دُور ہوئی
چار سو سال کی "ذلّت کا نشاں"!

شُکر ہے مغربی طاقت کی عفونت بھری سانس
ٹوٹ کر ڈوب گئی، ختم ہوا افسانہ!

اب گُوا میں نہ کوئی "غیر" جمائے گا قدم
حرّیت، عظمت و عزّت کا مقدّس پرچم

۳۰

خوشنما ساحلی میدانوں پہ لہرائے گا!
جل پری گائے گی آزادی کا گیت

لہریں اُٹھ اُٹھ کے سلامی دیں گی
گنگنائیں گی ہوائیں کہ گیا دورِ خزاں

مادرِ ہند کے ہونٹوں پہ تبسّم ہو گا
اور پیشانی پہ سیندور کا ایک نقطۂ سُرخ

اس سپاہی کی ہمیں یاد دلائے گا سدا
خون کا جس نے دیا باغِ وطن کو تحفہ

گرچہ گمنام رہا۔ داد کا طالب نہ ہوا
آہ گمنام سپاہی تیری تُربت کو سلام!

۳۱

یومِ جمہوریتِ ہند

(۲۶ر جنوری ــــ)

یومِ جمہوریتِ ہند کی ہے سالگرہ
آج تاریخ کا ہے ایک سنہرا لمحہ
آج ہی ختم ہوا استبداد
دَورِ جمہوریتِ ہند کا آغاز ہوا
یہ وہ دولت ہے جو ہاتھ آئی ہے قربانی سے
یہ خزانہ وہ خزانہ ہے۔ نہیں جس کا جواب!
نسل در نسل حفاظت ہمیں کرنا ہوگی
آؤ پھر تازہ کریں عہدِ وفا آج کے دن!!
طاہرہ ـــ ہند میں ہر سال یونہی آئے بہار
ملک خوشحال رہے، زندۂ جاوید رہے
نہ چلے پھر کبھی گلشن میں غلامی کی ہوا
دَورِ جمہوریتِ ہند کو حاصل ہو بقا!

۳۲

دیوالی

آؤ پیار کے دیپ جلائیں
دُنیا سے تاریکی مٹائیں
جھوم کے ایسے گیت سُنائیں
غم کے سیہ بادل چھٹ جائیں

آئی دیوالی آئی!
خوشیوں کا سندیسہ لائی!

جیسے گگن پر چاند ستارے
چمکیں زمین پر، دیپ ہمارے
ہر اک دیپ کی لَو یہ پکارے
"دُکھ کا دارو، پیار ہے پیارے"

آئی دیوالی آئی!
خوشیوں کا سندیسہ لائی!

دِل مل جائیں اہلِ وطن کے
دن پھر جائیں اپنے چمن کے
چھیڑو فسانے صرف مِلن کے
موہ لو جگ کو موہن بن کے

آئی دیوالی آئی!
خوشیوں کا سندیسہ لائی!

سلام

میرے آزاد وطن تیری بہاروں کو سلام
تیری پُر کیف فضا تیرے نظاروں کو سلام

جن کی خدمات سے چمکی ہے وطن کی قسمت
جگمگاتے ہوئے ان چاند ستاروں کو سلام

کارواں جن کا لُٹا راہ میں آزادی کی
قوم کا ملک کا اُن درد کے ماروں کو سلام

لکھ گئے اپنے لہو سے جو وفا کے قصّے
ان شہیدوں پہ درُود، اُن کے مزاروں کو سلام

طاہرہ سالگرہ آج ہے آزادی کی
ہند کے خورد و کلاں ساتھیوں، پیاروں کو سلام

۳۴

جھانسی کی رانی

ہند ماتا کی ایک بیٹی تھی
نام تھا جس کا لکشمی بائی
رُوپ میں زَن کے وہ تھی اک شمشیر
برق کی طرح کوندی ___ لہرائی
اس نے دشمن پہ آگ برسائی
زندگی کردی اپنی نذرِ وطن!
شعلۂ اِنقلاب تھی گویا
گرمیٔ آفتاب تھی گویا
نُزہتِ ماہتاب تھی گویا
آپ اپنا جواب تھی گویا !!

قطعہ

جیالی، سربکف، جھانسی کی رانی، شانِ ہندوستاں
ترے تیور، تیری للکار پہ ہوں جان و دل قرباں
ہمیشہ نام تیرا ہوگا آزادی کے پرچم پر
ترے نقشِ قدم باقی رہیں گے تا ابد تاباں

۳۵

مہارانی لکشمی بائی

گُلِ رعنا و دِل آرا تھی لکشمی
لطیف و جاذب و زیبا تھی لکشمی
کئی تھے رُوپ اس کے جلوے اس کے
کبھی مریم ، کبھی "دُرگا" تھی لکشمی
وہ پیدائش ہی سے اک سورما تھی
لڑکپن سے نڈر مہیلا تھی لکشمی
سپاہی تھی وہ قدرت کی طرف سے
محاذِ جنگ پر یکتا تھی لکشمی
مہارانی تھی پھر بھی کب سُکوں تھا
گرفتارِ غمِ دُنیا تھی لکشمی
نچھاور کردی اپنی جان اُس نے
وطن پر ایسی کچھ شیدا تھی لکشمی!
وہ عورت تھی سپاہی تھی کہ دیوی
نہ پوچھو طاہرہ، اُف کیا تھی لکشمی!

۳۶

چینیوں کے حملے پر ۱۹۶۲ء

وہ جو ہمیں تھی خوش ظنی اِس کا نشاں مٹا دیا
خوابِ گراں سے آپ نے آج ہمیں جگا دیا

بھائی بھی تھے پڑوسی بھی دوست بھی اور "بے طرف"
ہم پہ جفائیں توڑ کے خونِ وفا بہا دیا

اب نہ کریں گے ہم یقیں۔ آپ کا راز کھل گیا
"جس کو سمجھتے تھے خلیل کعبہ اُسی نے ڈھا دیا"

گردشِ روزگار نے آنکھیں ہماری کھول دیں
پردہ پڑا تھا ہوش پر ہم نے اُسے اُٹھا دیا

آپ ہیں مارِ آستیں اس کی ہمیں خبر نہ تھی
ہند کے سادہ لوح کو آپ نے کچھ سکھا دیا

آپ کی "سرخیوں" میں ہیں کتنی سیاہ کاریاں
رُخ سے نقاب اُتار کر رنگِ درون دکھا دیا

طاہرہ، سُرخ چین کا، خُون بھی کیا سفید ہے
مہر و وفا و لُطف کا خوب ہمیں صِلا دیا

آشیاں ہمارا (نظمیں) بانو طاہرہ سعید

چراغِ ہمالہ

(بریگیڈیر ہوشیار سنگھ)

آج ہے تیرے لیے سارا زمانہ سوگوار
کتنے دل محزوں ہیں اور کتنی ہیں آنکھیں اشکبار
مردِ میدان کر گیا بھارت پہ اپنی جاں نثار
زندگی تھی تیری سادہ، موت لیکن شاندار
زندہ باد اے ہوشیار، اے ہوشیار، اے ہوشیار

○

مختصر سی زندگی اور اس میں اتنے تجربے!
مشکلوں پر تو لگاتا تھا ہمیشہ قہقہے!
دل میں تھے عزم و یقیں کے ساتھ کتنے ولولے
خواب کچھ پورے ہوئے اور کچھ ادھورے رہ گئے
زندہ باد اے ہوشیار، اے ہوشیار، اے ہوشیار!

۳۸

چینیوں نے کردیا گُل تیری ہستی کا چراغ
موت تیری بن گئی تیرے وطن کے دل کا داغ
راہ دکھلائے گا تُو بَن کر ہمالہ کا چراغ
خوں سے تیرے تقویت پائے گا آزادی کا باغ
زندہ باد اے ہوشیار، اے ہوشیار، اے ہوشیار

○

کردیا تُو نے یہ ثابت ویر مر سکتا نہیں
جس میں ہمّت ہے کسی دشمن سے ڈر سکتا نہیں
کوئی خطرہ حوصلے کو پست کر سکتا نہیں
سورما سیلا کا ہرگز مر کے مر سکتا نہیں
زندہ باد اے ہوشیار، اے ہوشیار، اے ہوشیار

○

یاد کرتا ہے تجھے اپنا پرایا ہر کوئی
حیف ظالم چینیوں نے تجھ سے تیری جان لی!
جان دے کر تو نے حاصل کی انوکھی زندگی
بن گیا ہے تو سراپا اک منارِ روشنی
زندہ باد اے ہوشیار، اے ہوشیار، اے ہوشیار

ہم لوگ

ملکِ بھارت کے سرافراز مکیں ہیں ہم لوگ
امن و اُلفت کے مُروّت کے اَمیں ہیں ہم لوگ

"چینیو" چھوڑ دو سرحد کو اگر جاں ہے عزیز
اِن دنوں تیغ بکف چیں بہ جبیں ہیں ہم لوگ

دھمکیاں دینا کسی اور کو اے بے خرد و
وہ جو ڈر جاتے ہیں وہ لوگ نہیں ہیں ہم لوگ

حفظِ آزادی ہے ہر ہندو و مسلم کا دھرم
مادرِ ہند کی عزّت کے امیں ہیں ہم لوگ

آن پر جاں گنوا دینا ہمارا ہے چلن
طاؔہرہ تاجِ شجاعت کے نگیں ہیں ہم لوگ

۴۰

عیدِ فطر

عید پھر آئی مسرت کا سندیسہ لائی
ظلمتِ دھر میں پھر نور کا تحفہ لائی
پھر زباں پر ہے محبّت کا ترانہ لائی
بزمِ ہستی میں اخوّت کا فسانہ لائی
آؤ پھر تازہ کریں عہد وفا آج کے دن!

جیتے جی دیش پہ بیداد نہ ہونے دیں گے
دلِ دشمن کو کبھی شاد نہ ہونے دیں گے
گلِ دگلزار کو برباد نہ ہونے دیں گے
مادرِ ہند کو ناشاد نہ ہونے دیں گے
آؤ پھر تازہ کریں عہدِ وفا آج کے دن!

طاہرہ ہند میں ہر روز نئی عید رہے
ہم وطن شاد رہیں، دل پُر از امید رہے
ٹیپو سلطان کی شمشیر کی تقلید رہے
مُلک آزاد رہے زندۂ جاوید رہے
آؤ پھر تازہ کریں عہدِ وفا آج کے دن!

۴۱

ہند

میرے محبوب وطن تیری فضاؤں پہ نثار
تیری چِتون پہ فدا تیری اداؤں پہ نثار

تیرے فردوسِ نظر کوہ و دمن کے صدقے
مدھ بھری مہکی ہوئی ٹھنڈی ہواؤں پہ نثار

تیری ندیوں کی روانی پہ میں واری واری
تیرے چشموں کی طربناک نواؤں پہ نثار

لہلہاتے ہوئے کھیتوں پہ نچھاور میری جاں
دِل میرا سانولی ساون کی گھٹاؤں پہ نثار

تو نے دشمن سے بھی رکھّا ہے مروّت کو روا
تیرے اندازِ نظر تیری وفاؤں پہ نثار

طاہرہ، زیور و زر لعل و گہر تن من دھن
ہند کی دلکش و آزاد فضاؤں پہ نثار

۴۲

چراغ

سدا رہیں یُوں ہی روشن میرے وطن کے چراغ
بُجھا سکے نہ "مخالف" اِس انجمن کے چراغ!

کہو نسیمِ سحر سے ذرا سنبھل کے چلے
ابھی ابھی تو فروزاں ہوئے چمن کے چراغ!

۴۳

استدعا

یُوں نہ تاریخ داغدار کرو
دیش کا دل نہ سوگوار کرو
دوستی کا اگر نہیں ہے مزاج
دشمنی بھی نہ اختیار کرو
لُطف بانٹو۔ نشاط پھیلاؤ
کبھی ایسا بھی کاروبار کرو
کِتنے ویرانے منتظر ہوں گے
خارزاروں کو لالہ زار کرو
نفرتوں کی چِتا جلا ڈالو
جشنِ اُلفت مناؤ، پیار کرو
تلخیاں بھُول جاؤ ماضی کی
بغض و کینہ کا اب نہ وار کرو
پاسباں ہم ہیں آدمیّت کے
اس کا اعلان بار بار کرو
طاہرہ۔ ناخدا سے کیا ہوگا
اپنے بیڑے کو خود ہی پار کرو!

۴۴

ہولی اب کے برس

مارچ ۱۹۶۳ء

ہولی پھر آئی ہے رنگین فسانہ لے کر
شوخیوں، قہقہوں، نغمات کا موسم آیا
غمِ دَوراں کے بھی رُخ پر ہے خوشی کا غازہ
بکھرا بکھرا ہے فضاؤں میں گلال اور عبیر!
آؤ ہم جشن منائیں کہ پھر آئی ہولی
ہم وطن کیوں نہ گلے مل کے کریں دُور گِلے
اہلِ دل اہلِ خرد اہلِ جُنوں ایک بنیں
جُھوم کر کھیلیں محبّت کی وَفا کی ہولی
نیک فالوں کا یہ دن نیک شگونوں کا یہ دن
ساتھیو، کھائیں قسم عہد کریں آج کے دن
مادرِ ہند کے دشمن کو نہ جینے دیں گے
کھیلنا خواہ پڑے خون سے اپنے ہولی!

۴۵

محاذ پر گئے ہوئے جیون ساتھی سے

(شادی کی پہلی سالگرہ پر)

ہے آج پھر یادگار کا دن ہماری شادی کا پیار کا دن
خوشی کا سولہ سنگار کا دن چمن میں جیسے بہار کا دن

ستم ظریفی تو کوئی دیکھے محاذ پر تم ہو گھر میں ہم ہیں!
وطن کی خاطر مگر گوارا ہمیں یہ سارے غم و اَلم ہیں!

ہماری امّی ہیں لائیں میٹھا تمہاری بہنیں گلوں کا گہنا
ہمیں ہے سب نے دلہن بنایا تمہارے فوٹو کو ہے سجایا

اکیلا چھوڑا نہیں کسی نے کہ ڈس نہ لے ہم کو دردِ فرقت
خبر نہیں یہ انھیں کہ ہم بھی ہیں سر سے پا تک فدائے ملّت

۴۶

رگوں میں اپنی وفا کا خوں ہے وطن کی اُلفت کا اک جنوں ہے
نہ دل میں باقی کہیں سکوں ہے میں کیا بتاؤں کہ ایسا کیوں ہے

محاذ پر تم گئے ہو جب سے میں وہ نہیں ہوں جو تھی ہمیشہ
ہوں بپھری بپھری سی شیرنی اک بدل چکا ہے تمام نقشہ

ابھی تو خطرہ نہیں ٹلا ہے ابھی تو بادل نہیں چھٹا ہے
کلیجہ میرا دھڑک رہا ہے نہ جانے دشمن کہاں کھڑا ہے

ہزار آندھی ہزار طوفان، چراغ روشن رہے ہمارا!
ڈھکیل دو سرحدوں پہ باقی نہ ایک دشمن رہے ہمارا!

نصیب ہو تم کو فتح و نصرت تمہیں ملے لازوال شہرت
وطن کی عزت ہماری عزت وطن کی خدمت ہے خود عبادت

محاذ سے فتح پا کر آؤ یہی دعا ہے یہی لگن ہے!
غموں میں گرچہ گھِری ہوئی ہے تمہاری دلہن مگر مگن ہے!

آشیاں ہمارا (نظمیں) بانو طاہرہ سعید

۴۷

گُن گاؤں

دل کے ہر گوشے میں لکھّی ہے کہانی تیری
تیرے ہر ذرے میں ہے شان پُرانی تیری
دن ہے رنگین تیرا رات سہانی تیری
اے میرے اپنے وطن کیوں نہ تیرے گُن گاؤں

تیرے فردوسِ نظر کوہ و دمن کے صدقے
خار کے پھول کے صحرا کے چمن کے صدقے
زندگی خیز حسیں گنگ و جمن کے صدقے
اے میرے اپنے وطن کیوں نہ تیرے گُن گاؤں

تیرے قربان تیرے نام کے واری واری
سانولی شکل تیری کیسی ہے پیاری پیاری
تیری ہر ایک ادا مدھ بھری نیاری نیاری
اے میرے اپنے وطن کیوں نہ تیرے گُن گاؤں

تیرے چرنوں کی قسم تجھ پہ نچھاور تن من
کام آجائے تو جو کچھ بھی ہے حاضر ہے وہ دھن
دشمنِ امن ہے جو کوئی ہے تیرا دشمن
اے میرے اپنے وطن کیوں نہ تیرے گُن گاؤں

۴۸

گیت

دیش ہمارا بھارت ہے
ہم کو اس سے اُلفت ہے
اس کی خدمت راحت ہے
پیارا دیش دلارا دیش ۔ سب کی آنکھ کا تارا دیش

دن چمکیلے ، رات رنگیلی
تارے کھیلیں آنکھ مچولی
پَوَن چلے جیسے "البیلی"
پیارا دیش دلارا دیش ۔ سب کی آنکھ کا تارا دیش

دل کو جیتنے والا دیش
کتنا اونچا اعلیٰ دیش
بھارت دیش نرالا دیش
پیارا دیش دُلارا دیش ۔ سب کی آنکھ کا تارا دیش!

تو ہی پتا تو ہی ماتا
تو ہی سب کا اَن داتا
تجھ سے ہے گہرا ناتا!
پیارا دیش دلارا دیش ۔ سب کی آنکھ کا تارا دیش!

جوانوں کا ترانہ

فتح وظفر کے گیت سُناتے چلے چلیں
پرچم ترقیوں کے اُڑاتے چلے چلیں
اپنے وطن کی شان بڑھاتے چلے چلیں
آندھی کی زد میں دیپ جلاتے چلے چلیں
کٹھنائیوں سے ہم کو نبٹنے کا شوق ہے!

۵۰

بگڑا ہوا ہے کام تو اس کو بنائیں گے
تارے بھی آسمان سے ہم توڑ لائیں گے
بازو میں کتنا بَل ہے اسے آزمائیں گے
بَیری کو اپنے دیش کے نیچا دکھائیں گے
برق و شرر سے ہم کو اُلجھنے کا شوق ہے!

آزاد ملک و قوم کی ہم آن بان ہیں
ہم شیر دل ہیں ویر ہیں بھارت کی جان ہیں
اپنے وطن کی خاک کے ہم پاسبان ہیں
بے باک ہیں نڈر ہیں بہادر جوان ہیں
دشواریٔ حیات پہ ہنسنے کا شوق ہے!

خوف و خطر سے اور بھی بڑھتے ہیں حوصلے
اُٹھتے ہیں دل میں عزم و جسارت کے ولولے
تھکتے نہیں سفر سے جیالوں کے قافلے
پھولوں کی سیج پر کہیں سوتے ہیں منچلے
پُر خار راستوں سے گزرنے کا شوق ہے!

۵۱

پیامِ قلی قطب شاہ

(حکمرانِ دکن)

بہت رنگین ہے میرا فسانہ
ابھی تک یاد کرتا ہے زمانہ

کئی صدیاں ہوئیں لیکن ہے باقی
میرا قصّہ میرے دل کا ترانہ

دکن کے منچلے گاتے ہیں اب تک
میرے اشعار باچنگ و چغانہ

جہاں میں جو بھی ہے فانی ہی فانی
ہے لافانی حیاتِ عاشقانہ

میرے دِلدار تھے ہندو مسلمان
مجھے آتا تھا سب کا ناز اُٹھانا

۵۲

محبت میں نے سیکھی اور سکھائی
کسے کہتے ہیں نفرت یہ نہ جانا

محبّت میں نہ ذاتیں ہیں نہ قومیں
محبّت کا ہے مذہب صوفیانا

عوامی زندگی کا جزو تھا میں
رعایا سے تھا میرا دوستانا

دلوں کا موہ لینا مجھ سے سیکھو
نہیں آساں دِلوں میں گھر بنانا

وطن والوں تمہارے ساتھ ہوں میں
ہے اب تک تم سے ربطِ غائبانا

بہ فیضِ عشق میرا دل ہے زندہ
میرا دِل ہے محبّت کا ٹھکانا

ہینڈ لُوم

یہ "دستی پارچہ بافی" ہمارے گھر کی صنعت ہے!
یہ صنعت، افتخارِ قوم ہے بھارت کی عظمت ہے
یہی صنعت ہمیں بخشے گی خوشیاں اور خوش حالی
اِسی فن سے ہمارے گھر میں ہوگی فارغ البالی
ہماری دست بافی بھا گئی ہے ذوق والوں کو
بہت مرغوب ہیں کپڑے ہمارے مہ جمالوں کو
بُناوٹ میں نُمایاں چند صدیوں کے خزانے ہیں
الوَرا کے نمونے ہیں اجنٹا کے فسانے ہیں
کہیں ہیں نقش، مغلوں، راجپوتوں کی ثقافت کے
کہیں منظر ہیں دلکش ہند کی قومی وجاہت کے
زبان زد ہو رہی ہے آج کل اُن کی دل آویزی
بڑا دلکش ہے ان کپڑوں کا طرزِ رنگ آمیزی
وہ امریکہ ہو یا یُورپ ہر اک جا اس کا چرچا ہے
ہماری دست بافی کا جہاں میں بول بالا ہے
مُبارک طاہرہ ہفتہ مَنانا دستکاروں کو!
خدا آباد رکھے ملک کے اِن ہونہاروں کو!

آہ نہرو!

۲۸ مئی ۱۹۶۶ء

آج کیوں اِس قدر اندھیرا ہے
دل کو کیوں رنج و غم نے گھیرا ہے
شمعیں بے نورُ گلُ ہیں پژمُردہ
بزم سے کِس نے مُنہ کو پھیرا ہے!

آشیاں ہمارا (نظمیں)
بانو طاہرہ سعید

۵۵

ہند کا آفتاب ڈوب گیا
قوم کا ماہتاب ڈوب گیا
موت کے دائمی سمندر میں
گوہرِ لاجواب ڈوب گیا

امنِ عالم کا پیشوا نہ رہا
نئے بھارت کا رہنما نہ رہا
رات اندھیری ہے سامنے طوفاں
کشتی باقی ہے ناخدا نہ رہا

غم سے سوزِ حیات باقی ہے
بس یہی کائنات باقی ہے
ساتھیو صبح کی دُعا مانگو
بُجھ گئی شمع رات باقی ہے

۵۶

سنگم پر

۹ر جون ۱۹۶۴ء

پھول مُرجھا کے بکھیرتے ہیں خوشبو
اے سوگوار، دل کو نہ کر بے قابو
راکھ نہرو کی یہ کہہ رہی ہے سنگم سے
خاکِ وطن سے اُبھریں گے اور بھی نہرو

کس درجہ اُداس ہے سارا عالم
ہر شعبۂ حیات جیسے درہم برہم
راکھ نہرو کی نذرِ آب ہوتی ہے
سوگواروں کا ہجوم ہے سنگم

پانی میں بہا کے راکھ، جلنے والو
آہوں، اشکوں کی نذر چڑھانے والو
ندیوں کی طرح ضم ہو جاؤ آپس میں
بھارت ماتا کی شان بڑھانے والو

۵۷

قیامت

۲۴ر جولائی ۱۹۶۴ء

سناؤں گیت تجھے ہم نشیں یہ ناممکن
میرے لبوں پہ ابھی تک ہے مرثیہ جاری
ہے میری آنکھ ابھی آنسوؤں سے بھیگی ہوئی
شگفتگی میرے دل میں کہیں نہیں باقی
سمجھ میں کچھ نہیں آتا کہ ایک لمحے میں
قیامت آئی، قیامت مچا کے لوٹ گئی!
بھری بہار سے رنگ اور نکہتیں چھینیں
سکونِ قلب اُجاڑا مسرّتیں چھینیں
جو پھول سب سے حسیں تھا اسی کو توڑ لیا
زمیں لرز گئی اور آسماں بھی چیخ اٹھا
قیامت آئی قیامت مچا کے لوٹا گئی!
ستارے ڈوب گئے آفتاب گہنا یا
لہو لہان تمنّا کا لالہ زار ہوا
روانہ سوئے عدم ذرّہ ذرّہ شاہوار ہوا
برہا کی آگ میں جلتا ہے بدنصیب وطن
ہمیشہ خوں رُلائے گی یاد نہرو کی!

بہاروں کا سفیر

جواہر لال نہرو کی سالگرہ پر رحلت کے بعد

۱۴ / نومبر ۱۹۶۶ء

گلوں کے ہار لیے آ رہی ہے بادِ صبا
چمن میں دھوم ہے پھر آگیا جواہر لال
جواہرات کی تابش جبیں کی شکنوں میں
لبوں پہ گیت بہاراں کے مسکراتے ہوئے
نظر میں حسنِ نظر کی کہانیاں پنہاں
قدم قدم پہ نچھاور دلوں کا سوز و گداز
عجیب شان سے پھر آرہا ہے جانِ وطن
امینِ امن و اماں کی ہے آج سالگرہ!

۵۹

چمن میں پھر سے سفیرِ بہار آتا ہے
جلَو میں "شانتی" پرچم لیے محبّت کا
پکارتی ہے، جواہر کے نقشِ پا کی قسم
زمانے والو مٹا دو نشانِ جنگ و جدل
بشر کی شان کے شایاں نہیں یہ خونخواری
بشر تو اشرفِ خلقت ہے اس کے کیا کہنے
نشاطِ قُرب کا جادو جگا رہا ہے کوئی
بچھڑ گیا تھا جو پھر پاس آرہا ہے وُہی
دِلوں کی دھڑکنیں کچھ تیز ہوتی جاتی ہیں
مہک اُٹھّی ہے فضا عطرِ لالہ و گل سے
خبر یہ سچ ہے سفیرِ بہار آتا ہے!
دِلوں پہ راج ہے جس کا اُسی کی آمد ہے
جھلک رہا ہے وہ بھارت کے ذرّہ ذرّہ میں
جدا ہی کب وہ ہوا ہے ہماری محفل سے

وہ ہم میں جذب ہے جیسے کہ ساز میں نغمہ
جنم جنم وہ ہمارا رہے گا ہم اس کے
سلام تجھ پہ مسیحا نفس ہزار سلام!

۶۰

صدائے وقت

نازک ہے وقت ہوش میں آنے کا وقت ہے
قدموں کو اور دل کو ملانے کا وقت ہے
تاریکیوں نے گھیر لیا ہے بُری طرح
تاریکیوں میں دیپ جلانے کا وقت ہے
آپس کے اِتّحاد میں عظمت ہے قوم کی
آپس کے تفرقوں کو مٹانے کا وقت ہے
پینے کا وقت ہے نہ پلانے کا وقت ہے
سوئے ہُوؤں کو آج جگانے کا وقت ہے
اُٹھو زمانہ چال قیامت کی چل گیا!
جاگو کہ اب تو ہوش میں آنے کا وقت ہے
کوئی غلط قدم نہ اُٹھے یہ رہے خیال
شانِ وطن، پہ حرف نہ آنے کا وقت ہے
یک جہتیوں کی چھاؤں میں عزم و یقین کے ساتھ
مستقبلِ وطن کے بنانے کا وقت ہے
ہاں ساتھیو قریب ذرا اور بھی قریب
ایک دوسرے کا ہاتھ بٹانے کا وقت ہے
اے طاہرہ جو زخم کو مرہم کا کام دیتے
ایسا کوئی پیام سُنانے کا وقت ہے

ہمارا سپاہی

جیالا سپاہی ہمارا سپاہی
وطن کا بھروسہ سہارا سپاہی
مصیبت میں خندہ زن و شادماں ہے
مگر عزم و جرارت کی اک داستاں ہے
ہمیشہ وہ خطرات کے درمیاں ہے
جیالا سپاہی ہمارا سپاہی
وطن کا بھروسہ سہارا سپاہی
نہ دولت کی چاہت نہ شہرت کی چاہت
فرائض کی اور اپنی عزّت کی چاہت

۶۲

یہ چاہت ہے دراصل بھارت کی چاہت
جیالا سپاہی، ہمارا سپاہی
وطن کا بھروسہ سہارا سپاہی

ہمارا سپاہی بڑی شان والا!
وہ "گیتا" کا بیٹا، وہ قرآن والا!
وہ دھارمک نظر کا وہ ایمان والا!
جیالا سپاہی، ہمارا سپاہی
وطن کا بھروسہ سہارا سپاہی

"سپاہی سلامت" کے نعرے لگاؤ
سپاہی کی تعریف کے گیت گاؤ
سپاہی کے قدموں میں آنکھیں بچھاؤ
جیالا سپاہی، ہمارا سپاہی
وطن کا بھروسہ سہارا سپاہی

سپاہی ہمارا ہمیں جاں سے پیارا
سپاہی ہماری ہے آنکھوں کا تارا
ہے مشہورِ عالم، سپاہی ہمارا
جیالا سپاہی، ہمارا سپاہی
وطن کا بھروسہ سہارا سپاہی

○

تحفہ

اے میرے بانکے سپاہی مَیں تجھے کیا بھیجوں!
تو ہی بتلا کہ تجھے کون سا تحفا بھیجوں!
دھڑکنیں کیوں نہ کروں دل کی روا نہ تجھ کو
دیش کی نیک تمنّاؤں کا سہرا بھیجوں
تیرے زخموں کی قسم میں بھی ہوں انگاروں پر
تیری تسکیں کے لیے خون میں اپنا بھیجوں
تیری دلجوئی میرا فرضِ مقدس ہے "جوان"
ہو جو منظور تو میں شعروں کی مالا بھیجوں
اے جواں، بول تیرا کیسے کروں مُنہ میٹھا
تجھے لڈّو، تجھے پیڑے تجھے حلوا بھیجوں
تو دواخانے میں ہو یا ہو کسی سرحد پر
آرزو ہے کہ تجھے پیار ہمیشا بھیجوں
طاہرہ، تجھ کو دُعا کہتی ہے باشوق و نیاز
اے جوان تیرے لیے اور بھلا کیا بھیجوں!

زمزمہ

ہم اپنے وِیر جوانوں سے پیار کرتے ہیں
دُعائیں ان کے لیے بے شمار کرتے ہیں
ہماری طاقت و عظمت جواں ہمارے ہیں
ہم ان پہ ناز بھی اور اعتبار کرتے ہیں
وہ دَورِ امن ہو یا جنگ کا ہو ہنگامہ
سپاہی دیش کی کشتی کو پار کرتے ہیں
سپاہیوں سے ہے قائم وقار و شانِ وطن
وطن کے نام پہ یہ جاں نثار کرتے ہیں
زمیں پہ دبدبہ جولانیاں ہواؤں میں
جواں کے نام سے دشمن فرار کرتے ہیں
نہ رہنے دیں گے کبھی تفرقوں کو آپس کے
صمیمِ قلب سے قول و قرار کرتے ہیں
ہمیں ہے طاہرہ کچھ فخر اپنی اُلفت پر
وطن سے عہدِ وفا، بار بار کرتے ہیں

ترانۂ اُلفت

میرا غرور و ناز ہے میرا وطن ہے توٗ
میں جس کا ایک پھوٗل ہوں خود وہ چمن ہے توٗ
اِنسانیت نواز ہے نفرت شکن ہے توٗ
اے سرزمینِ ہند مجھے تجھ سے پیار ہے!

تیری ہر اک اَدا نے لُبھایا ہے میرا دل
تیری حسیں نظر نے چرُایا ہے میرا دل
توٗ ہی تو وہ ہے جس پہ کہ آیا ہے میرا دل
اے سرزمینِ ہند مجھے تجھ سے پیار ہے!

٦٦

تجھ سے دماغ و دل کو سدا روشنی ملی
عزّت ملی وقار ملا زندگی ملی
محفل میں تیری علم ملا شانتی ملی
اے سرزمینِ ہند مجھے تجھ سے پیار ہے!

اے میرے سرفراز وطن مَیں تیرے فدا
تجھ سے ہمیشہ دُور رہے ہر غم و بَلا
تیری سلامتی کی ہے لب پر میرے دُعا
اے سرزمینِ ہند، مجھے تجھ سے پیار ہے

ہندو کی شان تجھ سے ہے مُسلم کی آن تو،
روحانیت کی آج بھی ہے پاسبان تو،
ہر مذہبِ بشر کی رہی میزبان تو،
اے سرزمینِ ہند مجھے تجھ سے پیار ہے!

۶۷

شہیدِ امن

شاستری جی کی رحلت پر

کچھ سمجھ میں میری نہیں آتا!
آہ یہ کیا سُنی ہے میں نے خبر!
میرا پیارا وطن غریب وطن!
پھر سے کیسے گنوا دے اپنا رتن

ابھی تھوڑے ہی دن کی بات ہے یہ
مادرِ ہند دل فگار ہوئی
بزم سے اُٹھ گیا، جواہر لال
زخمِ دل مندمل ہوا بھی نہ تھا
مِل گیا اور ایک گہرا داغ

کس طرح مان لوں کہ یہ سچ ہے
جس نے ٹوٹے دِلوں کو جوڑا ہے
اُف، اسی نے ہمارا دل توڑا!
اُف، اسی نے ہمیں سے مُنہ موڑا!
امنِ عالم پہ کر گیا احسان!!

شمع روشن جو تاشقند میں کی
روشنی اس کی اور پھیلے گی
نور برسا کے مسکرا کے چلا
سادگی کی ادا نے موہ لیا
شاستری جی نے جگ میں نام کیا

پرچم امن ، نعرۂ الفت
یادگاریں ہیں شاستری جی کی
امن و الفت کا گیت زندہ رہے
شاستری جی کی ریت زندہ رہے

قطعہ

تلاشِ امن میں جانِ عزیز کھوئی ہے
فضائے دھر میں یوں دوستی سموئی ہے
دلوں کو جس نے ملانے کی دل میں ٹھانی تھی
اُسی کے غم میں زمانے کی آنکھ روئی ہے

قطعات

کیا کہیں اور کوئی ایسا گُلستاں ہوگا
گلُ و بلبل میں روا داری کا پیماں ہوگا
حیدرآباد ہے دل والوں کا اِنسانوں کا دیش
کوئی اس بزم میں ہِندو نہ مُسلماں ہوگا!

قوم کی ملک کی عزّت کا سبق سیکھا ہے
ہم نے اِنسان کی عظمت کا سبق سیکھا ہے
لے کے بھارت میں جنم زندۂ جاوید بنے
آنکھ کھلتے ہی محبّت کا سبق سیکھا ہے

دُرگا، لچھمی، سرسوتی، بھارت ہی کے سروپ
عظمت، خوشحالی، دانش، دیش کے سُندر روپ
کرشن کی بنسی، نغمۂ اُلفت "برندابن" دل کی دُنیا
شانتی، ست اور پریم ہے بھارت والوں کا اصلی روپ

۷۰

الوداع اِندرا جی!

یُوں ہمیں چھوڑ کے نہ جا اے دوست
ایک لمحہ میں کیا ہوا اے دوست
ظُلمتوں میں تھی تیری ذات 'دِیا'
بُجھ گیا وہ بھی اِک دِیا اے دوست

آخری ہے سلام الوداع الوداع
رہ گیا تیرا نام الوداع الوداع
ہے کہاں کا ارادہ، یہ کیسا سفر
کہہ رہے ہیں عوام الوداع الوداع

○

رقصِ بہاراں کی آرزو

۱۵ اگست ۱۹۷۰ء

تڑپا رہی ہے رقصِ بہاراں کی آرزو!
صحنِ چمن میں جشنِ ورودِ بہار ہے

کوئی ہے نغمہ زن تو کوئی میگسار ہے
رنگ رلیوں میں محو ہیں زندہ دلانِ وقت

تہوار ہے یہ عید ہے روزِ سعید ہے
پھر بھی نہ جانے سینے میں کیوں دل اُداس ہے

آتی ہے یادِ ماضی عجب سُرخیاں لیے
آزادیٔ وطن کی جبیں پر لکھی ہوئی

قربانیوں کی درد کی کتنی کہانیاں
آنکھوں کو میری کرتی ہیں نمناک آج بھی!

۷۲

آزاد ہو کے بھی نہیں آزاد ہم ابھی!
پیروں میں بیڑیاں ہیں وہی ذات پات کی!

مذہب کی آڑ لینا ابھی تک شعار ہے
آپس کی نفرتوں کا ہے بازار اب بھی گرم

اس قید سے خدا کرے آزاد دیش ہو
جامِ نشاط ہم بھی لیں پھر اپنے ہاتھ میں

ہم بھی سجائیں بزم نئے ولولوں کے ساتھ
باقی رہے نہ شیخ و برہمن کا مسئلہ

مستِ مئے خلوص ہو ہر فردِ ہند کا
مسلک ہمارا پیار ہو اور صرف پیار ہو

"ہُن" ٹوٹ کے برس پڑے رقصِ بہار ہو
تڑپا رہی ہے رقصِ بہاراں کی آرزو!

آشیاں ہمارا (نظمیں)   بانو طاہرہ سعید

ڈاکٹر بانو طاہرہ سعید ڈی۔ بٹ

ڈاکٹر بانو طاہرہ سعید ڈی۔لٹ

اعزازات آندھرا پردیش

ساہتیہ اکیڈمی، مسٹری آف کلچرل افیرز، قومی یکجہتی، کلاسرسوتی اور مخدوم امن ایوارڈ۔

اعزازات اُردو اکیڈمی

آندھرا پردیش، بہار اور مغربی بنگال

اعزازات بیرونِ ہند

ایران، کیمبرج، اٹلی اور عالمی ادبی ایوارڈ (امریکہ)۔

اُردو، فارسی اور انگریزی میں لکھتی ہیں۔ افسانہ نگاری اور شاعری دونوں میں مہارت رکھتی ہیں۔ ان کی اردو شاعری پر عثمانیہ یونیورسٹی کی طالبہ نے ایم فل کیا ہے۔ بعض انگریزی نظمیں کامن ویلتھ پوسٹ گریجویٹ کورس میں شامل کی گئی ہیں۔ کئی افسانوں اور کلام کا ترجمہ دوسری زبانوں میں ہو چکا ہے۔ آل انڈیا ریڈیو سے کلام نشر کرتی ہیں۔ مختلف ادبی تنظیموں کی رکن اور بانی ممبر ہیں مشرق و مغرب کے اکثر ممالک کی سیاحت کر چکی ہیں۔

مطبوعہ اردو کتابیں

ہدیۂ طاہرہ (نعتیہ کلام) گلِ خونچکاں (نظمیں، واقعات کربلا) برگِ سبز اور مہکتے ویرانے (مجموعۂ کلام) خونِ جگر (افسانے) مثبت و منفی (ٹاملین کی انگریزی نظموں کا منظوم ترجمہ) دور رہ کر (نثری نظمیں)

سات دوست (بچوں کا ادب)

دیگر مطبوعات

پیل روز اور بینیتھ دی باؤ (انگریزی نظمیں) آرپنا (نظموں کا تلگو ترجمہ) بانوئے مصر (فارسی افسانے)

زیرِ ترتیب کتابیں

پنچھی باورا (افسانے) دلِ شب (فارسی کلام) نگینے (منتخب اشعار)